COLLECTION DE M. J. DE VIGNY

Tableaux Anciens

Mᵉ GEORGES TIXIER

COMMISSAIRE-PRISEUR

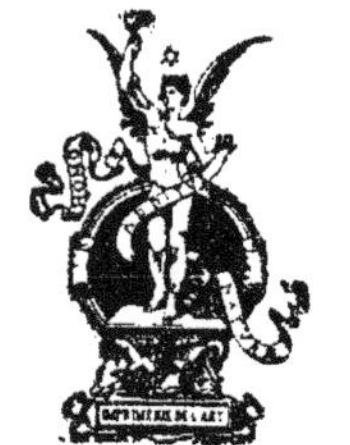

COLLECTION DE M. J. DE VIGNY

TABLEAUX ANCIENS

CATALOGUE

DE

TABLEAUX ANCIENS

Par, et attribués à :

BREUGHEL, ALBERT CUYP, VAN DYCK.
GÉRARD DOW, GOYA, HALS DIRIKX, JORDAENS, MIGNARD,
NICOLAS POUSSIN, ETC.

CADRE EN BOIS SCULPTÉ D'ÉPOQUE LOUIS XV

COMPOSANT LA

Collection de Monsieur J. de Vigny

ET DONT LA VENTE AUX ENCHÈRES PUBLIQUES AURA LIEU

HOTEL DROUOT, SALLE N° 11

LE LUNDI 8 MAI 1911

à quatre heures

COMMISSAIRE-PRISEUR

Me GEORGES TIXIER

45, rue de la Chaussée-d'Antin

EXPOSITIONS

PARTICULIÈRE : *Le Dimanche 7 Mai, de 2 heures à 6 heures.*
PUBLIQUE : *Le Lundi 8 Mai* (jour de la vente). *de 1 h. 1/2 à 4 h.*

CONDITIONS DE LA VENTE

Elle sera faite au comptant.

Les adjudicataires paieront *dix pour cent* en sus des enchères.

Paris. — Imp. de l'Art, CH. BERGER, 41, rue de la Victoire.

DÉSIGNATION

TABLEAUX ANCIENS

BREUGHEL DE VELOURS

(Attribué à)

1 — *Orphée charmant les animaux.*

Au centre de la composition, Orphée joue du violon. Attirés par le charme de sa musique, toutes les espèces d'animaux viennent l'écouter, rangés autour de lui dans un désordre très pittoresque.

Bois. Haut., 40 cent ; larg., 60 cent.

CUYP

(ALBERT)

1605-1691

2 — *Le Cheval à l'abreuvoir.*

Cheval gris pommelé que fait boire un homme habillé de rouge; dans le fond, un cavalier habillé à la cosaque et un chien occupé. A droite, un homme armé d'un arc et de flèches. Effet de matin sur la dune.

Bois. Haut., 75 cent.; larg., 1 m. 05 cent.

Albert CUYP

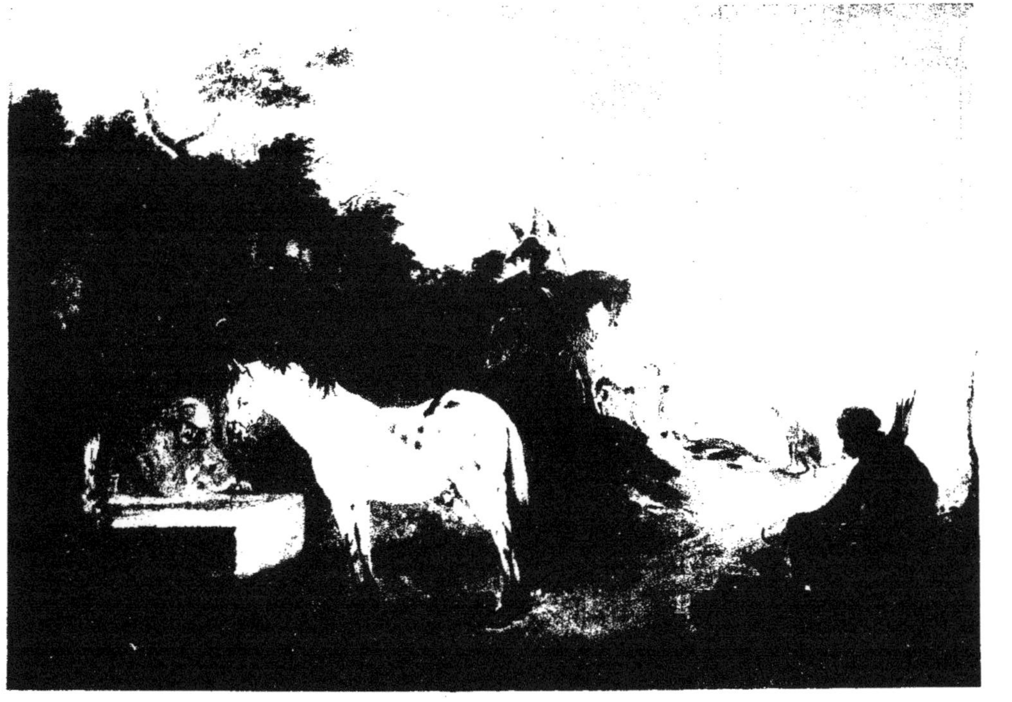

Le Cheval à l'Abreuvoir

DYCK

(Attribué à ANTHONIE VAN)

1599-1641

3 — *Enlèvement de Proserpine.* (Esquisse.)

Pluton tient dans ses bras Proserpine.

Toile. Haut., 36 cent.; larg., 28 cent.

DOW

(Attribué à GÉRARD)

1613-1675

4 — *Le Dentiste.*

Dans l'embrasure de la fenêtre, le dentiste vient d'arracher une dent à un jeune homme. Vêtu d'un bonnet de fourrure, l'opérateur montre la dent qu'il vient d'arracher.

Toile. Haut., 29 cent.; larg., 35 cent.

ÉCOLE ALLEMANDE (Primitif)

5 — *Les Adieux de la Vierge.*

Au centre, la Vierge paraît adresser la parole au Christ. Les apôtres, à droite, sont déjà en route. Seuls Saint Pierre, Saint Jean et un autre attendent Jésus derrière la Vierge, trois saintes richement vêtues sont comme désespérées.

Le tableau porte la date de : *1540.*

Bois. Haut., 96 cent., larg., 79 cent.

ÉCOLE ALLEMANDE (XVIe siècle)

6 — *Triomphe du Christianisme.*

Le Christ, la croix dans une main, tient de l'autre Adam et Eve enchaînés.

Porte une inscription latine.

Bois. Haut., 30 cent.; larg., 23 cent.

ÉCOLE ESPAGNOLE (XVIIe siècle)

7 — *Midas et Bacchus.*

Midas, à genoux, implore Bacchus qui, nu, une coupe à la main, lui tend l'autre. Aux pieds de Bacchus, une nymphe, un amour et un fauve ivre dorment ; à droite, deux amours jouent avec un bouc. Dans le fond coule le Pactole.

Toile. Haut., 1 mètre; larg., 1 m. 32 cent.

École française XVIIIe siècle

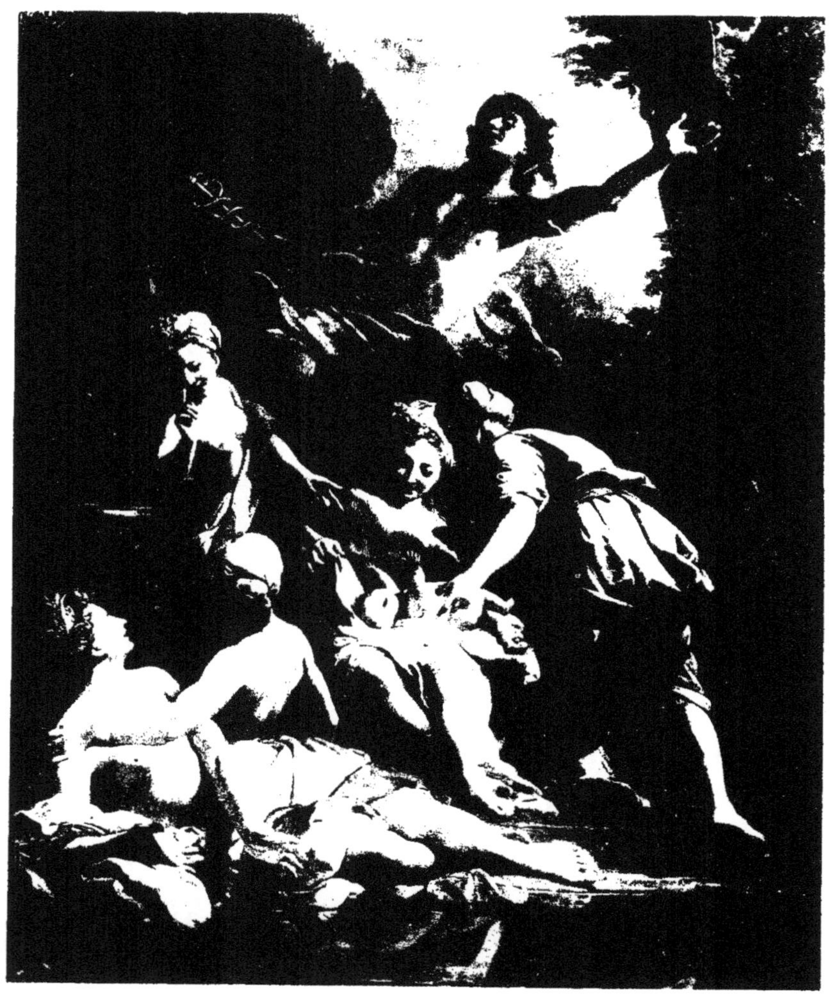

L'Enfance d'Hercule

ÉCOLE ALLEMANDE PRIMITIVE

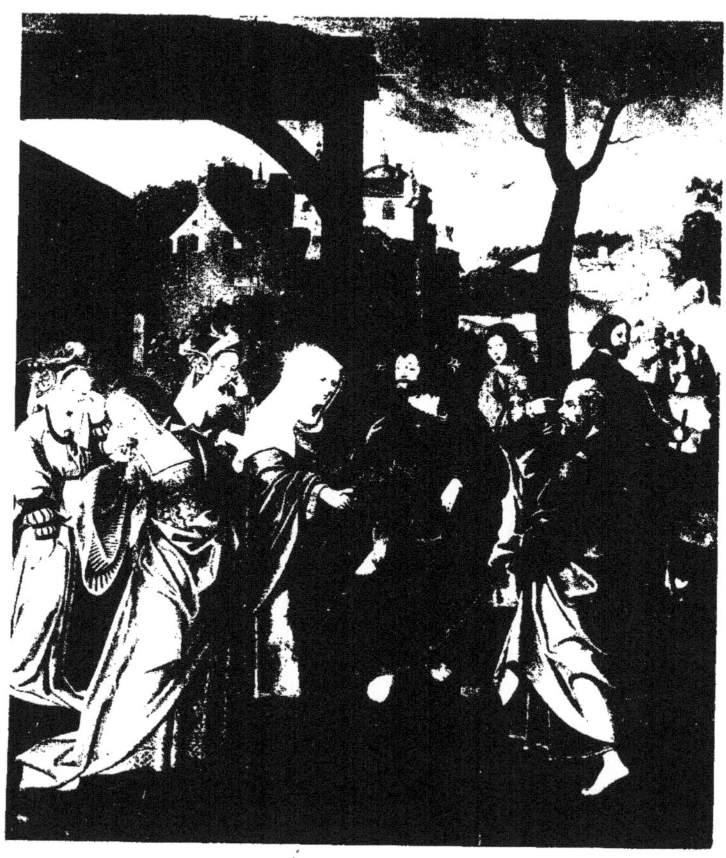

Les Adieux de la Vierge

ÉCOLE FRANÇAISE (XVIIIe siècle)

IMPORTANT PANNEAU DÉCORATIF

8 — *L'Enfance d'Hercule.*

Hercule, nouveau-né, se débat sur les genoux d'Ino, entouré de nymphes ; l'une présente une coupe ; l'autre paraît raconter les gentillesses du petit dieu à deux nymphes nonchalamment étendues au bord d'une source. Derrière elles, Mercure prend son vol vers l'Olympe.

Belle composition de couleurs agréables.

Toile. Haut., 1 m. 55 cent.; larg., 1 m. 30 cent.

ÉCOLE FRANÇAISE

9 — *Paysage au bord de la mer.*

Au premier plan, des femmes, une barque et des pêcheurs.

Toile. Haut., 41 cent.; larg., 86 cent.

ÉCOLE FRANÇAISE

10 — *La Foudre.*

A gauche, ruines sur lesquelles tombe la foudre. La mer déchaînée fait naufrager les barques.

Toile. Haut., 1 m. 32 cent.; larg. 92 cent.

ÉCOLE FRANÇAISE (XVIIIe siècle)

11 — *Vénus Callipyge.*

Allusion à une anecdote mythologique. Deux jeunes filles se disputaient à propos de ce genre particulier de beauté qui fit donner à Vénus le nom de Callipyge. Elles convinrent d'aller près de la fontaine publique, et là de prendre pour juge le premier qui se présenterait.

Petite scène peinte avec beaucoup de délicatesse et d'esprit.

Toile. Haut., 67 cent.; larg., 88 cent.

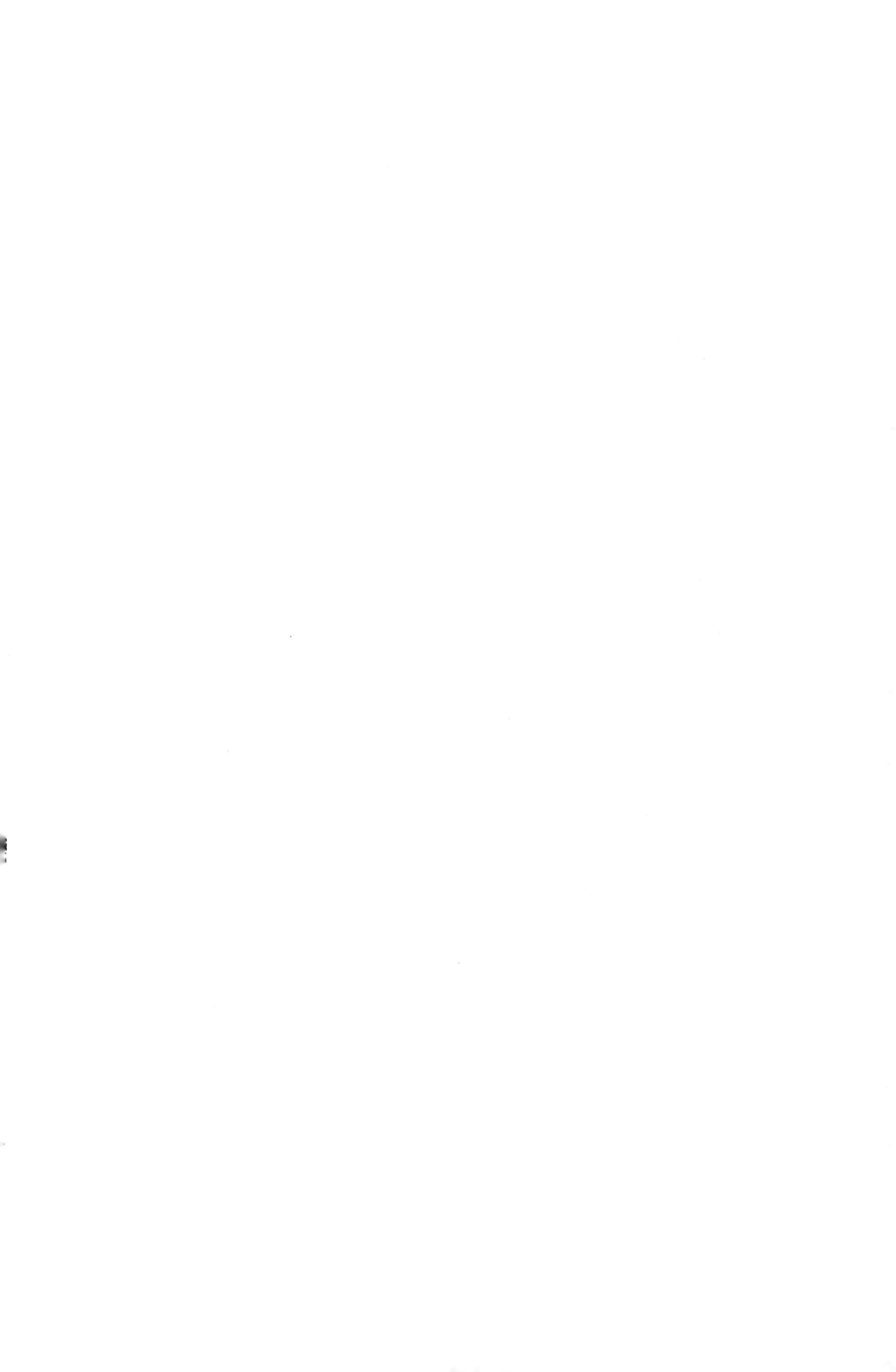

ÉCOLE ITALIENNE (XVIe SIÈCLE)

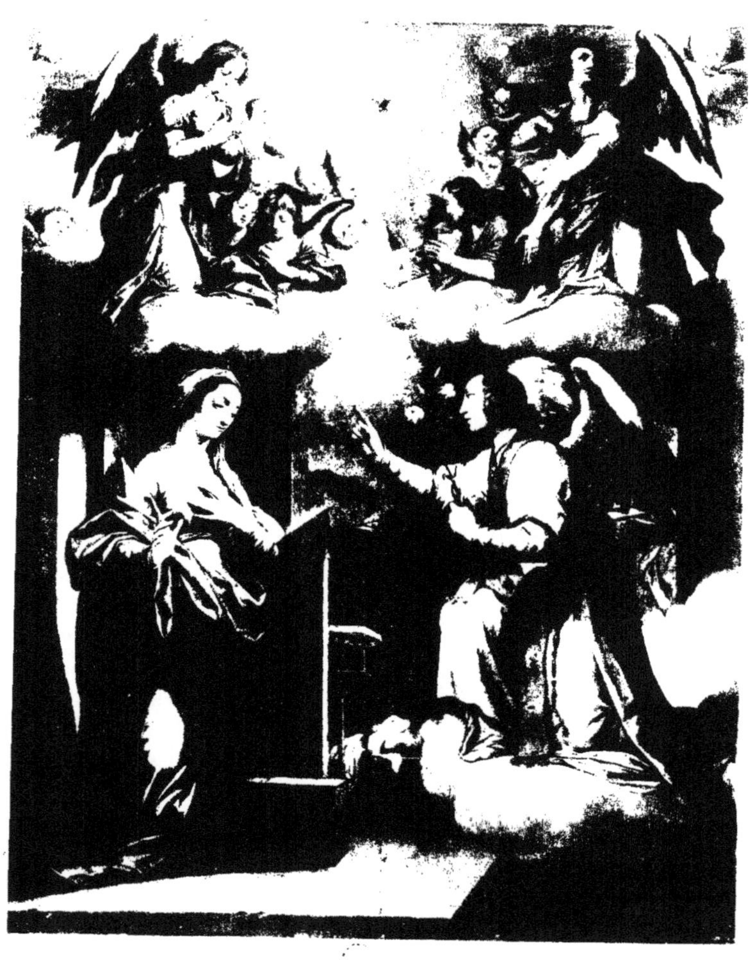

L'Annonciation

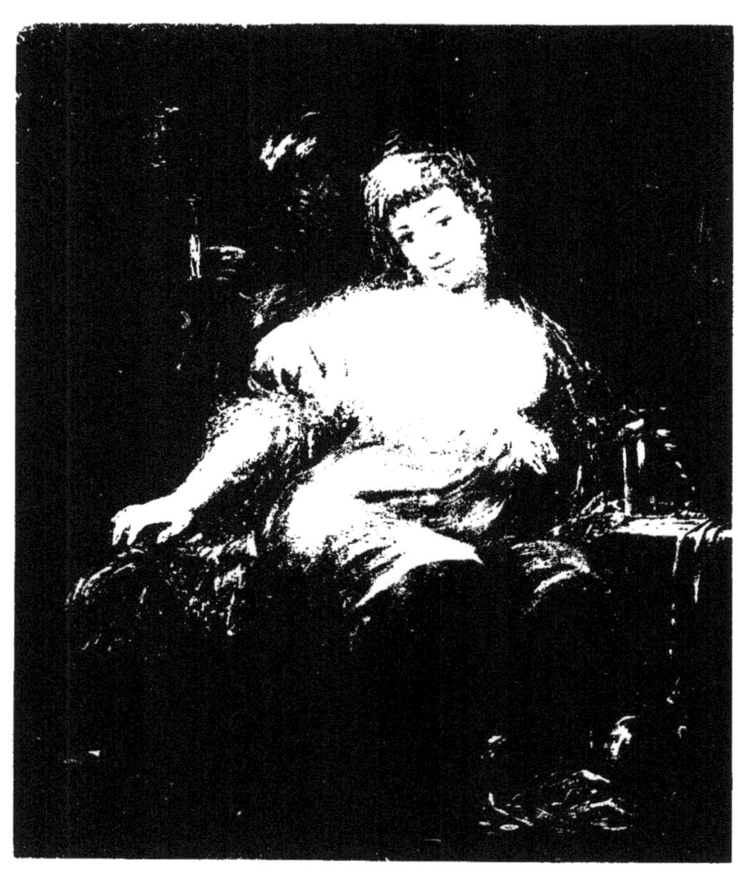

La Mesalina

ÉCOLE FRANÇAISE (XVIIIe siècle)

12 — *La Nymphe Io.*

Superbe tableau de couleurs très vives et de conservation parfaite.

Haut., 1 m. 28 cent.; larg., 96 cent.

ÉCOLE FRANÇAISE (XVIIe siècle)

13 — *Léda.*

Haut., 72 cent.; larg., 56 cent.

ÉCOLE HOLLANDAISE (XVIe siècle)

14 — *Le Dépouillement.*

Avant la mise en croix, un des valets du bourreau arrache la robe du Christ qu'un autre maintient. Sur le sol : la croix, les clous, un crâne et un tibia.

Haut., 36 cent.; larg., 40 cent.

ÉCOLE ITALIENNE (xvie siècle)

15 — *L'Annonciation.*

Un ange, revêtu d'un costume sacerdotal, murmure à la Vierge Marie (agenouillée devant un pupitre sur lequel repose un livre) sa grossesse miraculeuse. En haut, au milieu d'un groupe d'anges, l'Esprit-Saint domine la scène.

Sujet d'une admirable conservation.

Bois. Haut., 1 m. 12 cent.; larg., 95 cent.

ÉCOLE ITALIENNE

16 — *Le Jugement dernier.*

Cuivre. Haut., 89 cent.; larg., 52 cent.

FRANCK

(Attribué à FR.)

17 — *L'Adoration des Mages.*

Sous un portique en ruines et à gauche, la Vierge est assise avec l'Enfant Jésus dans ses bras. Venant de droite et à ses pieds, les Mages, entourés de leur suite. De jeunes pages, vêtus à la mode du temps, offrent des présents.

Bois. Haut., 46 cent.; larg., 37 cent.

GOYA Y LUCIENTÈS
(FRANCISCO)
1746-1828

18 — *La Mesalina.*

Une femme, dont les vêtements et le fard annoncent la Courtisane, écoute nonchalamment les propos d'une horrible vieille qui tient une lanterne à la main. Dans le fond, on aperçoit vaguement une tête d'homme.

Toile. Haut., 1 m. 25 cent.; larg., 1 m. 06 cent

GOYA
(Attribué à)

19 — *Course de Taureaux. (Les banderillos.)*

Sur métal. Haut., 30 cent.; larg., 42 cent.

GOYA
(Attribué à)

20 — *Course de Taureaux. (Le toréador.)*

Pendant du précédent.

Sur métal. Haut., 30 cent.; larg., 42 cent.

HALS DIRIKX

(Attribué à)

21 — *Mariage au XVIe siècle. Fête galante.*

Devant l'esplanade d'une maison de campagne, s'avance au milieu d'une société joyeuse une femme nue, sur un char traîné par deux brebis, un cœur à la main.

L'amour, l'arc en mains, vole au-dessus d'elle.

Assise à droite, une jeune femme tient un livre sur les genoux.

Bois. Haut., 52 cent.; larg., 65 cent.

JORDAENS

(JACOB)

1593-1678

22 — *Atalante.*

Porte dans les plis de son vêtement la tête du sanglier de Calidon. Méléagre et elle se contemplent avec amour. Tous autour d'elle luttent pour voir la tête du monstre. Les valets retiennent les chiens. Deux guerriers dans le fond cherchent à rétablir l'ordre et deux dryades regardent le couple chasseur.

Bois. Haut., 72 cent.; larg., 1 mètre.

MIGNARD

1610-1695

23 — *Portrait du Comte de Toulouse.*

Représenté en amour, nu, dort sur des coussins de soie pourpre ; à portée de sa main, un arc et un carquois.

Toile. Haut., 29 cent.; larg., 37 cent.

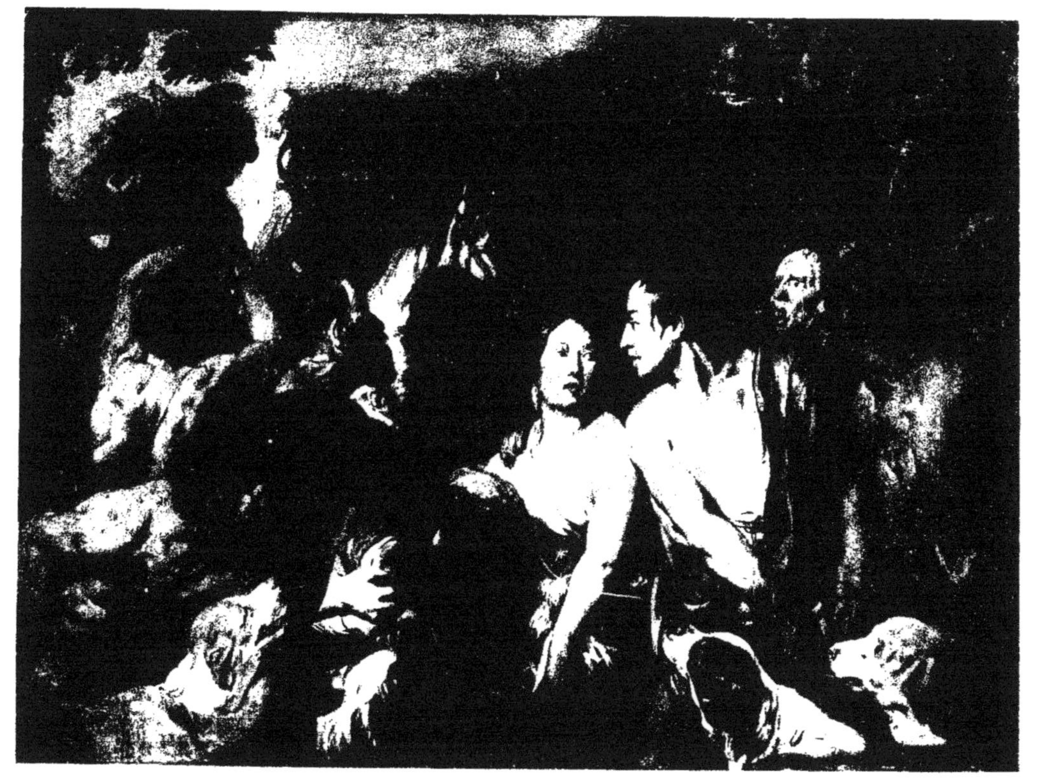

Atalante

POUSSIN

(Attribué à NICOLAS)

24 — *Résurrection de Lazare.*

La main levée, Jésus vient de commander à Lazare de revivre et Lazare se réveille. Déjà les portefaix qui avaient retiré son corps de la fosse l'ont dépouillé de ses bandelettes ; les sœurs de Lazare, Marthe et Marie, manifestent leur émotion : l'une remercie Jésus, l'autre contemple son frère ressuscité ; autour du Christ, les assistants laissent percer leur émotion.

Toile. Haut., 90 cent. ; larg., 1 m. 25 cent.

REMBRANDT

(École de)

25 — *Portrait d'Homme coiffé d'un turban.*

D'une facture très large et d'une lumière admirable.

Toile. Haut., 62 cent. ; larg., [illegible] cent.

RUBENS

(École de)

26 — *L'Adoration des Mages.*

Un des rois Mages baise dévotement les pieds de l'Enfant Jésus, un autre le contemple avec un respectueux étonnement. A gauche, à l'entrée de l'étable, se tient debout le Mage éthiopien. Dans le fond, plusieurs figures de vieillards et de guerriers attentifs et surpris.

Bois. Haut., 67 cent. ; larg., 96 cent.

CADRE ANCIEN

27 — Cadre d'époque Louis XV en bois sculpté et doré.

Haut., 1 mètre; larg., 1 m. 85 cent.

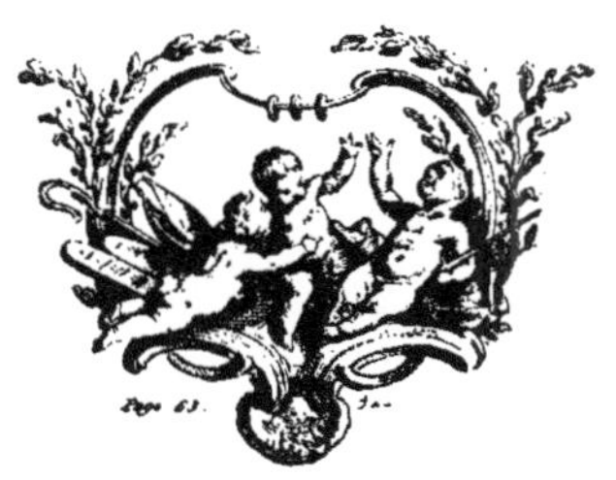

www.ingramcontent.com/pod-product-compliance
Ingram Content Group UK Ltd.
Pitfield, Milton Keynes, MK11 3LW, UK
UKHW021314190726
13839UKWH00007B/1834

9 782329 604756